Einfach gut.

Einfach gut.

HOMMAGE À FRITZ WEY***

***Fritz Wey – vielgereister Koch und wandelnde Enzyklopädie des feinen Essens – prägte die ★★★ delicatessa
während dreissig Jahren als Einkäufer. Er trat 1997 in den Ruhestand.

Vielleicht müsste man dieses Kochbuch mit einer Konserve eröffnen. Mit jener berühmten Suppendose zum Beispiel, die 1962 an einer New Yorker Auktion versteigert wurde und Andy Warhol 60 000 Dollar bescherte. Das Objekt dieses durchschlagenden Erfolges war kein Zufall, aber...

Noch während die Welt im Konservenfieber schwelgte und Essbares in Alu für das Nonplusultra der Moderne hielt, bereitete sich still und heimlich eine Wende vor, die 1967 ihren Niederschlag in der Eröffnung der ★★★delicatessa fand. Was die ehemals als «Globus Lebensmittelabteilung» bekannte ★★★delicatessa vorschlug, stand quer zur Zeit und war in jeder Hinsicht eine Sensation.

Von Anfang an setzte die ★★★delicatessa auf eine Kombination von regionalen Frischprodukten und Spezialitäten aus aller Welt. Anstatt den Appetit mit simpler Fertigware zu bedienen, demokratisierte sie den Genuss. Die ★★★ delicatessa hielt und hält sich an die Devise von Oscar Wilde: «Ich habe einen ganz einfachen Geschmack. Ich bin stets mit dem Besten zufrieden.»

«Einfach gut» versammelt erstmals die in loser Folge erschienenen ★★★delicatessa-Rezepte in Buchform. Wir hoffen, auch weiterhin inspirierend zu wirken, wenn es um die Freude an authentischen Speisen geht.

Küchenchef/in   Styling   Foto

Irene Dörig, Fritz Wey 👁 Irene Dörig ⬚ Marie-Pierre Morel

Schonend garen
in der
papillote.

SAIBLING IN FOLIE AUF GEMÜSEBETT

3 EL Olivenöl
1 EL Zwiebel, fein gehackt
80 g Karotten, in Streifen geschnitten
80 g Lauch, in Streifen geschnitten
2 Frühlingszwiebeln, in feine Scheiben
geschnitten
1 dl Weisswein
Salz, Pfeffer
Backfolie
1 Saibling, ganz ausgenommen
3 Dillzweige
Zitronensaft
Salz, Pfeffer

Olivenöl in Kasserolle erhitzen. Die Zwiebeln kurz anziehen. Das Gemüse beifügen und andämpfen, mit dem Weisswein ablöschen und zur Hälfte einköcheln. Würzen. Backfolie ausbreiten. Mit Schaumkelle Gemüse aus der Kasserolle nehmen und auf die Folie geben.
Den Fisch innen und aussen würzen, mit Zitronensaft beträufeln, die Dillzweige in den Fisch verteilen. Auf das Gemüsebett legen. Den restlichen Gemüsefond über den Fisch giessen.
Die Backfolie gut verschliessen. Im vorgeheizten Ofen bei ca. 200 °C etwa 20 bis 25 Minuten garen lassen.

 *Trockener Riesling aus dem Elsass*
z.B. Riesling «Le Kottabe» Jos Meyer

POULARDE MIT MANGO AN
SÜSS-SAURER SAUCE

4 Poularden oder Perlhuhnbrüstli
Salz, Pfeffer aus der Mühle
2 EL Bratbutter oder Öl

Süss-saure Sauce:
50 g Zucker
$^1/_2$ dl Holunderblütenessig
2 feine Scheiben Ingwer
$^1/_4$ bis $^1/_2$ Chili, je nach Schärfe
1 dl Ananassaft
1 dl Geflügelfond
1 TL Maizena, angerührt
1 EL Sojasauce
Salz, Pfeffer
1 Mango
200 g Kefen, knackig gekocht
4 Blatt Pergamentpapier
Bast oder Küchenschnur

Die Poulardenbrust auf beiden Seiten mit Salz und Pfeffer würzen. Die Bratbutter erhitzen und die Poularden auf beiden Seiten kurz anbraten. Aus der Pfanne nehmen und erkalten lassen.

Süss-saure Sauce:
Den Zucker hellbraun caramelisieren. Mit Holunderblütenessig ablöschen, danach Ingwer, Chili, Ananassaft und Geflügelfond beigeben, die Sauce bis auf 1 dl Flüssigkeit reduzieren.
Das Maizena mit wenig Wasser mischen und die Sauce damit leicht binden. Mit Sojasauce, Salz und Pfeffer abschmecken. Erkalten lassen.
Die Mango schälen und in $^1/_2$ cm dicke Scheiben schneiden.
Die Poularden einschneiden und Mangoscheiben in die Einschnitte legen.
Pergamentblätter auslegen. Zuerst Kefen daraufstreuen, Poulardenbrüstli drauflegen und die Sauce darüber verteilen. Einpacken, verschliessen und auf ein Blech legen.
Die Poularden in den auf 200 °C vorgeheizten Backofen schieben und 14 bis 16 Minuten garen.

Im Barrique ausgebauter Chardonnay aus Kalifornien, z.B. Husch Chardonnay

BIRNEN AN ORANGENBLÜTEN-
HONIGSAUCE

1 Orange
1 Limone
2 EL Wasser
80 g Zucker
2 dl Orangensaft, frisch gepresst
2 EL Orangenblütenhonig
4 Birnen, essreif
4 Blatt Pergamentpapier
1 Vanillestengel
Bast oder Küchenschnur
1 TL Pfefferkörner, rot, getrocknet

Die Schale der Orange und Limone mit
dem Sparschäler abschälen, dann diese in
feine Streifchen schneiden. Wenig Wasser
aufkochen. Die Fruchtstreifen darin eine
Minute kochen, dann in ein Sieb giessen
und mit kaltem Wasser abspülen.
Den Zucker zusammen mit dem Wasser in
eine Pfanne geben und hellbraun caramelisieren. Sofort mit Orangensaft ablöschen.
Die Sauce um die Hälfte einkochen lassen,
danach Honig und Fruchtstreifen beigeben
und nochmals etwas einkochen lassen.
Die Birnen schälen, halbieren und das
Kerngehäuse herausschneiden.
Pergamentpapier ausbreiten. Die Birnen
darauflegen, je $^1/_4$ Vanillestengel dazulegen,
die Sauce darüber verteilen und mit Pfef-
ferkörnern bestreuen. Locker einwickeln
und mit Bast oder Schnur festbinden.
Im vorgeheizten Backofen bei 180–200 °C
je nach Fruchtreife 10 bis 16 Minuten garen.

*Australier aus edelfaulem Semillion
z.B. Botrytis Semillon James Halliday*

Fritz Wey Rita Kleiber Francis Amiand

Drei Tropfen
Aceto
di Modena.

INSALATA MISTA
ALL'ACETO BALSAMICO DI MODENA

Öl, Aceto balsamico, Salz und Pfeffer. Das ist alles, was es braucht. Je älter der Balsamico, desto dichter sein Bouquet. Es ist deshalb nahezu unmöglich, eine Mengenangabe zu machen. Bei einem mittelalten Balsamico (6/8 Jahre) rechnet man mit einem Esslöffel pro Person.

Chianti Colli Fiorentini
z.B. Chianti Castello del Trebbio

PARMIGIANO E FINOCCHIO
ALL'ACETO BALSAMICO DI MODENA

Eine einfach vorzubereitende Vorspeise.
Hobeln Sie Fenchel und Parmesan-Käse in
dünne Scheiben. Beträufeln Sie das Ganze
mit Aceto balsamico. Je älter der Balsamico, desto raffinierter das Zusammenspiel
der drei Speisen.

Ein leichter Chianti Riserva
z.B. Chianti Riserva Castello del Trebbio

PARMIGIANO ALL'ACETO BALSAMICO
DI MODENA

Zum Aperitif, zum Nachtisch. Wenn in Modena Parmigiano in Bröckchen aufgetischt wird, fehlt selten das Schälchen Aceto balsamico zum Dippen. Der trockene, rezente Parmesan stammt bekanntlich aus derselben Region und kann die kostbare Feuchtigkeit des Balsamico gut vertragen.

Ein mittelschwerer Chianti Riserva
z.B. Chianti Rufina Riserva «Il Lastro»

FRAGOLE ALL'ACETO BALSAMICO TRADIZIONALE

Ein absolut simpler Nachtisch, der hierzulande noch viel zu wenig bekannt ist. Man beträufle frische Erdbeeren mit wenigen Tropfen von Aceto balsamico tradizionale. Die Fruchtsäure der Beeren harmoniert in verblüffend angenehmer Weise mit dem sanften «Goût» des Modeneser Essigs.

Richard Kägi   *Jasmin Hofmann*   *Heiri Scherer*

Perlen des Meeres.

PAZIFISCHE FELSENAUSTERN
MIT ZITRONENSAFT BETRÄUFELT

Austern vorsichtig öffnen,
Muschelwasser nicht wegschütten.
Mit Zitronensaft beträufeln.
Bon appétit.

Fruchtiger Sauvignon Blanc aus Chile
z.B. Carmen Sauvignon Blanc

EUROPÄISCHE AUSTERN MIT CRÈME FRAÎCHE GRATINIERT

Austern öffnen,
Muschelwasser abgiessen.
Pro Auster:
1 Tropfen Nouilly Prat
1 TL Crème fraîche
2 Umdrehungen Pfeffer
Gratinieren

Intensiver Sauvignon Blanc aus Bordeaux
z.B. Château Pierrail Blanc

Irene Dörig, Fritz Wey ✎ Anne Trüeb ▱ Heiri Scherer

Fisch
und Krustentiere
haben Saison.

MEERFRÜCHTE AUF NUDELBETT

1 Bund kleine grüne Spargeln
500 g feine Nüdeli
30 g Butter
1 EL Schalotten, fein gehackt
1 dl Weisswein
1 dl Rahm, flüssig
4 EL Parmesan, gerieben
4 EL Schlagrahm
Salz, Pfeffer
4 rohe Riesencrevetten, geschält, mit
Schwanzstück
4 Scampi ohne Kopf, in Schale
Kleiner Langustenschwanz, ca. 250–300 g
Salz, Pfeffer
Trüffelscheiben

Die Spargeln auf ca. 6–8 cm zuschneiden. Die Spargelenden waschen, in feine Scheiben schneiden.

Die Spargelspitzen im Wasser mit wenig Butter, Salz und Zucker weichkochen. Die Spargeln abkühlen.

Die Nudeln in Salzwasser «al dente» kochen. Sofort abkühlen und gut abtropfen lassen.

Die Butter in Kasserolle erhitzen, die Schalotten anziehen. Die in Scheiben geschnittenen Spargelenden beigeben und kurz andämpfen. Mit dem Weisswein ablösen und einkochen lassen. Die Masse gut auskühlen. Den flüssigen Rahm unter die Spargelmasse rühren und fein pürieren. Durch ein Sieb streichen.

Den Parmesan unter das Spargelpüree rühren. Bei Bedarf etwas Spargelwasser beifügen. Den Schlagrahm darunter ziehen und abschmecken. Die gekochten Nudeln mit der Sauce vermengen und auf eingefettetem Backblech auslegen.

Die Riesencrevetten mit scharfem Messer bis zum Schwanzende durchschneiden und unter fliessendem Wasser den Darm entfernen.

Mit einer Schere der Schale entlang auf beiden Seiten bis zum Schwanzende die Deckhaut durchschneiden und die Haut abziehen. Die kleinen Flossen mit der Schere abschneiden. Den angefrorenen Langustenschwanz auf den Rücken legen und in ca. 2–3 cm dicke Scheiben schneiden. Die Riesencrevetten, Scampi und Langustenscheiben würzen, schön auf die Nüdeli verteilen. Die Trüffelscheiben auf die Langusten legen. Die grünen Spargelspitzen auf das Backblech dekorieren.

Das Backblech mit bebutterter Backtrennfolie abdecken. In den auf 220 °C vorgeheizten Backofen schieben und ca. 10 bis 15 Minuten garen.

Kräftiger Sauvignon Blanc aus Kalifornien z.B. Husch Sauvignon Blanc

GRILLIERTE LANGUSTENSCHWÄNZE

4 Langustenschwänze,
ca. 350–400 g pro Stück
40 g zerlassene Butter
Salz, Pfeffer
¹/₂ TL Muskatblüten (Mace), gemahlen
4 Grillspiesschen

Die Langustenschwänze auf den Rücken legen. Mit einer starken Schere (oder Geflügelschere) der Schale entlang die Deckhaut auf beiden Seiten durchschneiden und die Haut entfernen. Mit einem scharfen Messer das Langustenfleisch vom Kopf bis zum Schwanz ca. 1 cm tief einschneiden.
Die Langustenschwänze mit zerlassener Butter gut bestreichen, mit Salz und Pfeffer würzen und mit den gemahlenen Muskatblüten besprenkeln.
Den Backofen auf 300 °C vorheizen. Die Grillspiesschen vom Schwanz her der Schale entlang durchstossen, damit sich die Langustenschwänze beim Grillieren nicht zusammenrollen. Die Spiesse auf Backblech legen und in den Ofen schieben. Ca. fünf Minuten bei 300 °C grillieren, dann auf 150 °C (nur Oberhitze) schalten. Weitere 8 bis 10 Minuten backen. Von Zeit zu Zeit die Langustenschwänze mit zerlassener Butter bestreichen, damit sie nicht austrocknen. Die Grillspiesschen entfernen und auf vorgewärmte Teller anrichten.

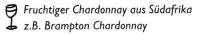 *Aromatischer Sauvignon Blanc aus*
Südafrika
z.B. Klein Constantia Sauvignon Blanc

FISCH-SPIESSCHEN EXOTISCH

Riesencrevetten, geschält
Scampischwänze
Frischlachs, in Würfel geschnitten
Baudroie-Filet, in Würfel geschnitten
Mango-Scheiben
Lime-Scheiben
Kiwi-Scheiben
Frische Ananas-Scheiben

Die Zutaten farbenfroh kombiniert auf Grillspiesschen stecken.

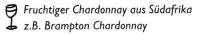 *Fruchtiger Chardonnay aus Südafrika*
z.B. Brampton Chardonnay

LAMM- UND GEFLÜGELSPIESSCHEN

Lammfilet, ca. 10–12 cm
Frühlingszwiebeln
Pfefferminzblätter
Pouletbrust, in grobe Würfel geschnitten
Rote Peperoni, in Stücke geschnitten
Grüne Peperoni, in Stücke geschnitten
Maiskolben, in 3 cm breite Stücke
geschnitten
Kochspeck in Tranchen
Rosmarin frisch

Lammfilet um Frühlingszwiebeln und Pfefferminzblätter wickeln und auf Grillspiess stecken.
Die Zutaten abwechslungsweise auf Grillspiesschen stecken.

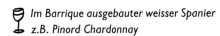 *Im Barrique ausgebauter weisser Spanier*
z.B. Pinord Chardonnay

LACHSFORELLE IN GROBEM MEERSALZ

1 Lachsforelle (ca. 1,2 kg)
$^1/_2$ Bund frischer Dill
2 Limonen
Pfeffer
2 kg grobes Meersalz
2 dl Wasser
100 g flüssige Butter

Die Lachsforelle leicht mit Pfeffer würzen,
Dillzweige in die Bauchöffnung legen. Mit
dem Saft einer Limone beträufeln.
Den Boden eines Backbleches 2 cm dick mit
Meersalz bedecken und mit etwas Wasser
besprühen. Die Lachsforelle auf Salzbett
legen und mit dem restlichen Salz komplett
bedecken. Mit Wasser besprühen.
Im vorgeheizten Ofen bei 300 °C 10 Minuten backen. Den Ofen auf 150 °C zurück-
stellen und die Lachsforelle noch 20 Minuten garen lassen.
Zum Servieren die Salzkruste brechen und
die Lachsforelle häuten. Mit Limonenschei-
ben und Dill garnieren.
Dazu flüssige Butter oder nach Belieben
eine feine Sauce servieren.

Kräftiger Weisswein aus dem Wallis
z.B. «Fin Bec Mer» Michel Clavien

BLINIS MIT KAVIAR UND SAUERRAHM

250 g Blinis-Mehlmischung
5 dl Milch
40 g Butter
4 EL Sauerrahm
4 TL Kaviar
1 Ei, hartgekocht

Blinis-Mehlmischung mit der Milch glatt-
rühren. 10 bis 15 Minuten stehenlassen.
In Bratpfanne mit wenig Butter, bei mittlerer Hitze, wie Pfannkuchen ausbacken. Auf
Teller legen.
Den Sauerrahm auf die Blinis geben. Den
Kaviar in die Mitte des Sauerrahms geben.
Eigelb und Eiweiss vorsichtig trennen und
separat fein zerschneiden. Das Eiweiss in
der Mitte des Kaviars verteilen. Das Eigelb
auf den Sauerrahm geben.
Tip: An Stelle von Kaviar kann Löjrom verwendet werden.

🥂 *Körperreicher Rosé Champagner*
z.B. Champagne Rosé «Les Trois Étoiles»

GERÄUCHERTER STÖR

Ca. 80 g geräucherter Stör pro Person
Garnitur:
1 kleine Gurke
Radieschen
Champignons
Löjrom oder Seehasenrogen
Lime-Scheiben

Den Stör in $^1/_2$ cm dicke Scheiben oder ca.
3 cm breite Tranchen schneiden.
Kleine Gurken gut waschen. Die Enden
wegschneiden und der Länge nach halbieren. Das Mark entfernen, die Hälften in ca.
2 cm breite Stücke schneiden. Löjrom in
die Mitte geben und mit Radieschen-Schei-
ben garnieren.
Gekochte Champignons-Köpfe aushöhlen
und mit Seehasenrogen oder Löjrom füllen. Mit feingeschnittenen Lime-Scheiben
garnieren.

🥂 *Feinfruchtiger Champagner*
z.B. Champagne «Les Trois Étoiles»

Richard Kägi, Thomas Schütz Pia Schleiss Heiri Scherer

Kokos
für den Sommer.

LONGDRINK «BATIDA DEL SOL» FRUCHTIGER LONGDRINK FÜR DIE SOMMERPARTY

4 cl Zuckerrohr-Schnaps, Cachaca
1 cl brauner Rum, Myer's
2 cl Kokosnusslikör, Coquito
6 cl Ananassaft
2 cl Kokosnusscrème

Alle Zutaten im Shaker zusammen mit zerkleinertem Eis kräftig schütteln und in das Glas geben.
Mit exotischen Früchten garnieren.

TOM KHAA GAI
(KOKOSSUPPE MIT CREVETTEN)

1 bis 2 Büchsen Kokosmilch (6 bis 8 dl)
1 fingergrosse St. Galangalwurzel
2 Zitronengras-Stengel
300 g frische Crevettenschwänze
Fischsauce
2 bis 3 Kaffir-Limeblätter
2 bis 3 kleine scharfe Chilischoten
Saft von 1 bis 2 Limetten
frischer Koriander

Kokosmilch aufkochen. Den in feine Streifen geschnittenen Galangal beigeben, ebenso die untere, zerdrückte Hälfte des Zitronengrases. Crevetten beigeben und mit Fischsauce würzen. Limeblätter und zerdrückte Chilischoten zugeben und 5 Minuten köcheln lassen. Mit dem Limettensaft abschmecken.

Vor dem Servieren Galangal, Zitronengras und Limeblätter entfernen und die fein geschnittenen Korianderblätter darüberstreuen.

Fruchtiger Sauvignon Blanc aus Südafrika
z.B. Brampton Sauvignon Blanc

PATRA NI MACCHI
(SALM IN FOLIE)

200 g Kokosnussmilch, dick
30 g Koriander, frisch, gehackt
30 g Knoblauch, gehackt
4 Messerspitzen Kreuzkümmel, gemahlen
1 grüner Chilli, entkernt, grob geschnitten
2 TL Palmzucker
2 Limes, Saft davon
15 Pfefferminzblätter, gehackt
10 Curryblätter, getrocknet
2 dl ★★★delicatessa Fischfond
4 Lachsschnitten od. Filet à 140 g
4 Pergamentpapiere

Sämtliche Zutaten bis und mit der Pfefferminze im Mixer zu einer Paste verarbeiten. Den Fischfond mit den Curryblättern aufkochen.
Den Lachs in die Mitte des Pergamentpapiers legen, die Paste daraufgeben und das Papier vorsichtig zusammenfalten. Die Lachstranchen in den Bambussteamer legen und über dem kochenden Fischfond bei geschlossenem Deckel ca. 5 bis 7 Minuten dämpfen.

Intensiver Chardonnay aus Chile
z.B. Carmen Reserve Chardonnay

INDONESISCHES HÜHNER-CURRY

4 Schalotten, geschält und geviertelt
1 Knoblauchzehe, geschält und geviertelt
4 Bankulnüsse, halbiert
2 EL Wasser
6 dl dicke Kokosmilch
1 TL Ingwer, gemahlen
1 TL Chili-Pulver
1 TL Curcuma-Pulver
1 Lorbeerblatt
Salz
1 Poulet, in servierfertige Stücke geschnitten

Schalotten, Nüsse und Knoblauch zusammen mit dem Wasser im Mixer zerkleinern, bis es eine glatte Masse gibt.
Diese Masse in eine Schmorpfanne füllen und die Kokosmilch sowie die Gewürze und das Poulet hineingeben. Das Ganze ca. eine Stunde, unter gelegentlichem Rühren, schwach kochen lassen. Zum Schluss abschmecken und heiss servieren.

Fruchtiger Chardonnay aus Südafrika
z.B. Brampton Chardonnay

KUE DADAR
(KOKOS-PFANNKUCHEN)

Pfannkuchen
100 g Mehl
2 Eier, geschlagen
3,5 dl Milch
1 Prise Salz

Füllung
260 g Cream of Coconuts
2 Messerspitzen Zimt
1 Messerspitze Muskatnuss
1/2 Lime, Saft
30 g Kokosflocken
Bratbutter

Das Mehl und eine Prise Salz in eine Schüssel sieben. Die Milch und die Eier langsam und unter rühren zum Mehl geben und zu einem glatten Teig verarbeiten.
Für die Füllung alle Zutaten gut vermischen und ein paar Minuten ziehen lassen.
Eine Bratpfanne (Durchmesser ca. 18 cm) gut ausfetten und auf die mässig heisse Herdplatte stellen. Etwas Teig hineingiessen und gleichmässig in der Pfanne verteilen. Den Teig ca. 1 Min. braten, kehren und nochmals kurz braten. Aus der Pfanne nehmen und mit der Masse füllen. Es ergibt ca. 8 Pfannkuchen.

Schwarztee mit Vanille

Richard Kägi   *Regula Wilson*   *Heiri Scherer*

Brandheiss für den Grill.

SNAPPER MIT ZITRONENGRAS

Den Fisch zuerst entschuppen und ausnehmen und dann grosszügig mit Kräutern aromatisieren (Zitronengras, Ingwer, Limetten, Koriander). Mit Salz und Pfeffer einreiben. Den Bauch mit Zitronenscheiben füllen, einige Scheiben zusammen mit Zitronengras auf den Fisch legen und alles mit Bast oder Schnur zusammenbinden. Direkt auf dem Rost oder in Alufolie braten.

Für alle Fische und Krustentiere wichtig: Vor dem Grillieren immer grosszügig einölen, damit sie nicht auf dem Rost klebenbleiben!

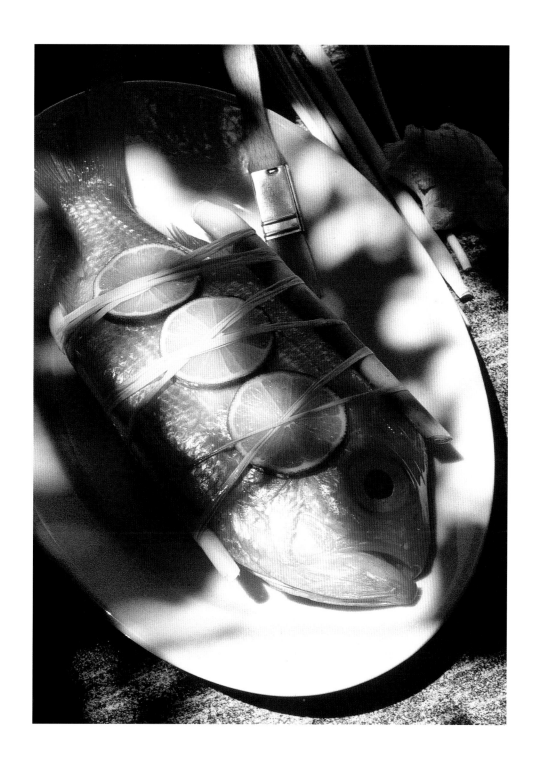

RIESENCREVETTEN UND SCAMPI

Damit die Marinade besser auf das Fleisch
einwirken kann, den Panzer am Rücken
längsseits mit der Schere aufschneiden,
evtl. den Darm entfernen, jedoch die Schale dranlassen. Mit Olivenöl und Gewürzen
kräftig marinieren.

LAMMRACK

Rechnen Sie pro Person mit 2–3 Koteletten (ein Rack reicht also für zwei bis drei Personen, je nach Appetit). Die Marinade gut ins Fleisch einreiben und den überflüssigen Senf abstreifen, da dieser nur verbrennen würde. Mit Salz und Pfeffer bestreuen und auf die heisseste Stelle des Grills legen. Nach zwei Minuten auf jeder Seite kommt das Rack für weitere fünf Minuten an den Rand des Grills, damit sich die Hitze im Fleisch verteilen kann.

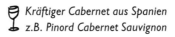 *Kräftiger Cabernet aus Spanien z.B. Pinord Cabernet Sauvignon*

COQUELET HOI SIN

Das Hühnchen auf der Brustseite aufschneiden und flach drücken (macht Ihr
Metzger gerne für Sie). Mit Hoi-Sin-Sauce
einreiben und salzen. Auf dem heissen Grill
beidseitig je drei Minuten anbräunen lassen
und dann auf der Grillseite oder im 120°C
heissen Backofen fertig garen. Beim Bein-
gelenk einstechen. Ist der austretende Saft
klar, ist das Fleisch durchgebraten. Marina-
dentips: Viel Zitronensaft und schwarzer
Pfeffer, oder Olivenöl, Knoblauch und
Rosmarin.

Mittelschwerer Rotwein aus Norditalien
z.B. Brume di Monte Rosso

GRILLIERTE MAISKOLBEN

Die Maiskolben 5 bis 10 Minuten blanchieren. Dadurch verhindern Sie, dass diese später auf dem Grill zu hart und zu dunkel werden. Auf dem Rost häufig drehen und stetig mit Öl bepinseln.
Vor dem Servieren mit Meersalz und Pfeffer bestreuen.

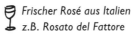 *Frischer Rosé aus Italien*
z.B. Rosato del Fattore

AUBERGINEN, PEPERONI, CICCORINO ROSSO

Auberginen und Peperoni in Scheiben schneiden, den Rosso längsseits halbieren. Grosszügig mit Öl beträufeln und bepinseln. Auf dem Rost häufig wenden und ölen. Mit Zitronensaft und Aceto balsamico servieren. Tip: Die schwerverdauliche Peperonihaut lässt sich nach dem Grillieren leichter entfernen. Gemüse erst zum Schluss salzen und pfeffern.

Leichter roter Piemonteser, z.B. Dolcetto di Dogliani Abbona Marziano

Irene Dörig, Fritz Wey   Heiri Scherer   Marie-Pierre Morel

Kartoffeln, einfach gut.

KARTOFFELPUFFER MIT ROLLMÖPSEN

800 g rohe Kartoffeln, geschält
3 Eier
2 EL Sauerrahm
2 EL Mehl
Salz, Muskat
4 EL Öl
6 Rollmöpse

Die Kartoffeln mit einem Reibeisen direkt in kaltes Wasser raffeln und 15 Minuten stehenlassen. Das Wasser abgiessen, die Kartoffeln mit einem Tuch auspressen.
Alle Zutaten in einer Schüssel gut verrühren. Die Kartoffeln beifügen und gut vermengen. Mit Salz und Muskat würzen.
Öl in Bratpfanne erhitzen. Die Masse wie kleine Pfannkuchen backen. Sie müssen relativ dünn sein und auf beiden Seiten hellbraun und knusprig gebacken werden. Die Rollmöpse in der Mitte entzweischneiden. Die Kartoffelpuffer auf Teller geben, mit den Rollmöpsen garnieren.

Kräftige Weissweinspezialität aus dem Wallis, z.B. Amigne Marc Roh

OFENKARTOFFELN MIT LACHSCONFIT

4 grosse Kartoffeln
800 g Meersalz
300 g Lachsfilet, ohne Haut und Gräte
Fleur de Sel, Pfefferkörner, Korianderkörner
4 EL Olivenöl
1 dl Sauerrahm
1 EL frischer Dill, fein gehackt
Salz, Pfeffer

Die Kartoffeln gut waschen. Das Meersalz 1 cm hoch auf ein Backblech geben. Die Kartoffeln nebeneinander darauf legen.
Im Ofen bei 200°C ca. 60 Minuten weich garen.
Das Lachsfilet mit Fleur de Sel und den zerdrückten Pfeffer- und Korianderkörnern würzen. In feuerfeste Form legen.
Das Olivenöl darüber verteilen, mit Folie abdecken. Den Lachs im vorgeheizten Ofen bei 90°C ca. 20 Minuten garen.
Das Lachsfilet herausnehmen und in kleine Stücke zupfen.
Den Sauerrahm und Dill in die Form geben, kurz erwärmen und abschmecken.
Die Lachsstücke beifügen und sorgfältig vermengen.
Die Kartoffeln kreuzweise einschneiden und auseinander drücken. Auf vorgewärmte Teller anrichten. Mit dem Lachsconfit füllen und sofort servieren.

Harmonischer Weisswein vom Genfersee
z.B. Dézaley «Medinette» L. Bovard

GEMÜSERÖSTI
MIT BAUDROIE-FILET

500 g Baudroie-Filet, am Stück
Salz, Pfeffer
8 Tranchen Rohschinken
6 EL Öl
80 g Butter
600 g Kartoffeln, gekocht
Salz
Safransaucen-Pulver, in der
★★★delicatessa erhältlich
1 dl Rahm
Fritieröl
100 g Karotten, in feine Streifen
geschnitten
100 g Lauch, in feine Streifen geschnitten

Filet mit kaltem Wasser abspülen. Mit Küchenpapier trocken tupfen. Würzen. Rohschinken-Tranchen überlappend auslegen. Filet darauf legen und sorgfältig einrollen.

3 EL Öl in Pfanne erhitzen. Eingerolltes Filet rundherum kurz anbraten. Feuerfeste Form ausbuttern. Filet hineingeben, 20 g Butter darüber verteilen und im vorgeheizten Backofen bei 180 °C ca. 10 Minuten backen. Warmstellen.

Kartoffeln schälen. Durch Röstiraffel reiben, würzen. 3 EL Öl und 20 g Butter in Bratpfanne erhitzen. Kartoffeln auf beiden Seiten goldbraun anbraten. Von Zeit zu Zeit restliche Butter beifügen.

Gemäss Kochanleitung 3 dl Sauce zubereiten. Rahm kurz aufschlagen und unter die Sauce ziehen. Öl in Kasserolle erhitzen. Karotten und Lauch kurz schwimmend fritieren.

Die Gemüse zum Abtropfen auf Küchenpapier geben. Die Rösti in 4 Portionen teilen. Auf vorgewärmte Teller einen Saucenspiegel geben. Die Rösti darauf legen. Die Gemüse darüber verteilen. Das Baudroie-Filet in ca. 3 bis 4 cm dicke Tranchen schneiden.

Um die Rösti dressieren.

Tip: Für Rösti die Kartoffeln 1 bis 2 Tage vor der Zubereitung abkochen und im Kühlschrank aufbewahren.

Folgende Sorten eignen sich bestens: Sirtema, Urgenta, Ostara und Bintje.

🍷 Kräftiger weisser Burgunder
z.B. Chablis 1er Cru
«Les Vaillon» E. Maréchal

RÖSTI-PIZZA

800 g Kartoffeln, gekocht
3 EL Öl
60 g Butter
Salz
20 g Butter
1 EL Zwiebeln, fein gehackt
1 Knoblauchzehe, fein gehackt
100 g Schinken, gekocht, in Streifen
geschnitten
100 g Rohspeck, in Würfel geschnitten
300 g Tomaten, in kleine Würfel geschnitten
Salz, Pfeffer
30 g Käse, gerieben
4 Scheiben Tomaten
4 Scheiben Mozzarella
frischer Oregano

Die Kartoffeln schälen. Durch Röstiraffel reiben. Öl und 30 g Butter in Bratpfanne erhitzen. Die Kartoffeln würzen und auf beiden Seiten goldbraun braten. Die restliche Butter von Zeit zu Zeit beifügen. Butter in Kasserolle erhitzen, Zwiebeln und Knoblauch kurz anziehen. Den Schinken und Speck beifügen und kurz anbraten. Die Tomaten beifügen und gut erhitzen. Würzen.

Rösti auf Backblech geben. Tomaten und den Schinken darüber verteilen. Mit geriebenem Käse bestreuen.

Abwechslungsweise mit Tomaten und Mozzarellascheiben belegen. Im vorgeheizten Backofen bei 200 °C ca. 8 bis 10 Minuten überbacken. Mit einem Zweig frischem Oregano dekorieren.

Tip: Für Rösti die Kartoffeln 1 bis 2 Tage vor der Zubereitung abkochen und im Kühlschrank aufbewahren.

Folgende Sorten eignen sich bestens: Sirtema, Urgenta, Ostara und Bintje.

*Kräftiger Rotwein aus dem Wallis
z.B. Pinot Noir de Salquenen
Kuonen & Grichting*

RÖSTI SWEET AND SOUR
MIT ENTENBRUST

2 Entenbrüste
Salz, Pfeffer
6 EL Öl
6 EL Honig, flüssig
600 g gekochte Kartoffeln
70 g Butter
2 EL Zwiebeln, fein gehackt
80 g Sauerkraut, fein gehackt
80 g Lauch, in feine Scheiben geschnitten

Entenbrüste mit kaltem Wasser gut abspülen. Mit Küchenpapier trocken tupfen. Fettseite mit scharfem Messer kreuzweise einschneiden und würzen.

3 EL Öl in Bratpfanne erhitzen. Entenbrüste auf beiden Seiten kurz anbraten.

Mit der eingeschnittenen Seite nach oben in feuerfestes Geschirr legen. Gleichmässig mit 4 EL Honig bestreichen. Im vorgeheizten Backofen bei 180°C ca. 10 Minuten braten. 2- bis 3mal mit Bratflüssigkeit übergiessen. Aus dem Ofen nehmen und warm stellen.

Kartoffeln schälen. Durch die Röstiraffel reiben und würzen. 3 EL Öl und 20 g Butter in Bratpfanne erhitzen. Kartoffeln auf beiden Seiten goldbraun anbraten. Butter beifügen.

Butter in Kasserolle erhitzen. Zwiebeln kurz anziehen. Sauerkraut und Lauch beigeben und 2 bis 3 Minuten dämpfen. 2 EL Honig beifügen und gut vermengen.

Gemüse über Rösti verteilen, mit einer Holzkelle unter die Rösti rühren. Nochmals auf beiden Seiten kurz braten.

Rösti portionenweise auf vorgewärmte Teller anrichten. Entenbrüste in Tranchen schneiden und zur Rösti geben. Als Beilage gedämpften Wirsing servieren.

Tip: Für Rösti die Kartoffeln 1 bis 2 Tage vor der Zubereitung abkochen und im Kühlschrank aufbewahren.

Folgende Sorten eignen sich bestens: Sirtema, Urgenta, Ostara und Bintje.

Bier hell, naturtrüb unfiltriert ★★★delicatessa oder

Aromatischer Gewürztraminer aus dem Elsass
z.B. «Cuvée des Folastries» Jos Meyer

Thomas Schütz · Pia Schleiss · Heiri Scherer

Aus der
nordischen
Küche.

SMØRREBRØD

Roastbeef mit Wachtelei: Bebutterte Roggenbrotscheibe mit Roastbeef und einem Wachtel-Spiegelei belegen.

Eier mit Hering-Aegs og Sild: Bebutterte Roggenbrotscheibe mit Eiern belegen, obenauf drei Heringe aus Zwiebelmarinade.

Finnischer Graved-Wildlachs mit Salat: Bero-Roggenbrot mit Sauce Lidingoe bestreichen, mit Salatblatt belegen und darauf etwa 30 g finnischen Graved-Wildlachs mit einer ausgehöhlten Cherry-Tomate, gefüllt mit Lidingoe-Sauce, garnieren.

Geräuchter Aal auf Rührei: Knäckebrot mit kaltem Rührei belegen und darauf ca. 30 g geschnittenen, geräuchten Aal geben und mit Schnittlauch garnieren.

Riesencrevetten auf Knäckebrot: Bebuttertes Knäckebrot mit Salatblatt belegen, Salatblatt mit Lidingoe-Sauce bestreichen und die Crevetten darauf geben.

Artischocke gefüllt mit Muikku-Rogen.

Gurke, gefüllt mit Cocktailcrevetten und Muikku-Rogen.

Apéro-Blätterteiggebäck, gefüllt mit Muikku-Rogen.

Maiwa, Muikku: Fritierte Fische.

Sinappisilakka-Heringe in Senfmarinade, Tomaattisilakka-Heringe in Tomatenmarinade: Eingelegte Heringe.

Kaesan-Rönttönen: Preiselbeer/Kartoffel-Pirogen (süss), Kaesan-Riispiirakka-Reis-Pirogen: Piirakka sind Brötchen/Fladen, die in Skandinavien jederzeit und zwischendurch gegessen werden. In der Regel ist der Hauptbestandteil Reis oder Kartoffeln.

Die Schweden trinken dazu Aquavit oder Vodka, z.B. Vodka Absolut

RAUCHLACHS-TIMBALE

200 g Rauchlachs
2,5 dl Rahm
3,3 dl ★★★delicatessa-Fischfond
1 dl Weisswein
$^1/_2$ dl Noilly Prat
4 Blatt Gelatine
$^1/_2$ EL Dill, gehackt
etwas Zitronensaft
Salz und Pfeffer
250 g verschiedene Gemüse
1 EL Aceto balsamico
2 bis 3 EL Sonnenblumenöl
Salz und Pfeffer

Den eiskalten Rauchlachs in kleine Stücke schneiden und mit 1 dl flüssigem Rahm zusammen pürieren. Durch ein Sieb streichen. Fischfond, Weisswein und Noilly Prat auf 1,5 dl einkochen und abkühlen lassen.
Gelatine in Wasser einweichen und im handwarmen Fischfond auflösen.
Den Fond mit der Lachsmasse mischen, mit Dill, Zitronensaft, Salz und Pfeffer abschmecken und 1,5 dl geschlagenen Rahm darunterziehen. Sofort in die kalt ausgespülten Timbale-Förmchen geben und kühlstellen. Die Gemüse in feine Stäbchen schneiden und im Salzwasser al dente kochen. Mit den übrigen Zutaten eine Salatsauce anrühren und die noch warmen Gemüse damit mischen. Die Timbale am Rand mit einem Messer leicht lösen, kurz unter heisses Wasser halten und auf die Teller stürzen. Mit dem Gemüsesalat garnieren.

🍷 Intensiver, kräftiger weisser Bordeaux z.B. Château Plaisance «Cuvée Alix»

REIBEKÜCHLEIN MIT RAUCHLACHS

200 g finnischer Wildlachs, geschnitten
3 Kartoffeln, geschält
1 EL Bratbutter
2 EL Sauerrahm
1 EL Doppelrahm
Salz und Pfeffer
1 EL Zitronensaft
1 EL Kerbel, gehackt
1 EL Dill, gehackt
60 g Muikku-Rogen
1 Bund Schnittlauch

Wildlachs zu Rosen formen. Kartoffeln an Bircherraffel reiben und mit Salz und Pfeffer würzen. Bratbutter in Teflonpfanne erhitzen und pro Reibeküchlein 1 EL Kartoffeln dünn und rund ausstreichen. Bei mittlerer Hitze beidseitig goldbraun braten, auf Küchenpapier gut abtropfen lassen und im Ofen warmstellen. Den Sauerrahm und Doppelrahm mit den Kräutern, dem Zitronensaft und dem Salz und Pfeffer mischen. 1 EL Kräuterrahm auf den vorgewärmten Teller geben, das Küchlein daraufsetzen, obendrauf die Lachsrose plazieren und rundherum mit Muikku-Rogen und Schnittlauch garnieren.

Intensiver, kräftiger weisser Bordeaux z.B. Château Chantegrive «Cuvée Caroline»

KALVRULADER (KALBSROULADEN)

4 dünne Kalbsplätzli vom Bäggli à ca. 100 g
2 EL Butter
50 g Champignons
1 Karotte
1 Zucchini
$^1/_2$ dl Weisswein
50 g Parmesan, gerieben
40 g Paniermehl
1 Ei
1 EL Peterli, gehackt
1 TL Salbei, gehackt
1 EL Bratbutter
3 dl ★★★delicatessa-Kalbsfond
etwas Cognac
Salz und Pfeffer
60 g Muikku-Rogen

Die dünn geschnittenen Kalbsschnitzel aus-
legen. Die Butter in einer Pfanne zergehen
lassen und darin die feingeschnittenen
Champignons und das Gemüse andämpfen.
Mit Weisswein ablöschen und ganz einko-
chen. Abkühlen lassen. Parmesan, Panier-
mehl, Ei, Peterli und die Kräuter mit den
Gemüsen vermischen und mit Salz und
Pfeffer abschmecken. Die Masse auf das
Fleisch verteilen und mit Küchenschnur
zusammenbinden. Die Rouladen in der
Bratbutter anbraten und im 80° heissen
Ofen ca. 15 Minuten warmhalten. Den
Bratsatz mit Cognac ablöschen, mit Kalbs-
fond auffüllen und bis auf 1 dl einkochen.
Die Butter darunterschwenken und die
Sauce abschmecken. Das Fleisch auf heisse
Teller anrichten und mit dem Rogen
garnieren.

Mittelschwerer roter Burgunder
z.B. Beaune E. Maréchal

BLAUBEERKUCHEN

175 g Butter
75 g Zucker
1 Ei
75 ml Rahm
250 g Mehl
1 kg Blaubeeren
2 EL Semmelbrösel
(Aus dieser Menge können Sie auch 6 kleine Blaubeerküchlein backen)

Die weiche Butter mit dem Zucker vermischen. Das Ei und den Rahm darunterziehen. Jetzt das Mehl daruntermischen, ohne den Teig zu schlagen. Ca. 15 Minuten kühlstellen. Den Backofen auf 200° Celsius vorheizen. Den Teig auf einem gefetteten Backblech dünn ausrollen, dabei die Ränder auf allen Seiten leicht anheben. Blaubeeren mit etwas Zucker und den Semmelbröseln vermischen und auf dem Teig verteilen. Backen, bis die Kruste goldbraun geworden ist.

Milde Kaffeemischung
z.B. ★★★Delicado Kaffee

Roland Jöhri *Anne Trüeb* *Heiri Scherer*

Es darf
auch einmal
Kaviar sein.

AMUSE-BOUCHE MIT LÖJROM

10 Scheiben von in Salzwasser gekochten
Kartoffeln im Kreis auf kleinen Teller legen,
mit 1 Esslöffel Sauerrahm nappieren, 50 g
Löjrom in die Mitte geben und mit ein
paar gekochten Gemüseperlen (Zucchetti
und Rüebli) sowie einem Dillzweiglein
garnieren.

GRÖNLAND-RAUCHLACHS
MIT KAVIAR

250 g Grönland-Rauchlachs
(8 Scheiben à ca. 40 g)
100 g Kaviar

Garnitur
16 Lauchstreifen, blanchiert
4 Oliven
4 Zwiebelscheiben
1 EL Kapern
4 Zitronenschnitze
Dillzweige

Dillsauce
100 g Dijon Senf
1 EL Zucker
50 g Sonnenblumenöl
1 EL Dill, fein gehackt
Salz, Pfeffer

Die Lachsscheiben der Länge nach einmal zusammenfalten und von der Seite her zu einer Rose aufrollen. Auf kalten Teller anrichten.

Mit zwei Kaffeelöffeln den Kaviar vorsichtig zu nussartigen Klösschen formen und neben den Rauchlachs auf den Teller geben. Mit den blanchierten Lauchstreifen Blumenstiele nachbilden. Die Lachsrose mit Olive garnieren. Die Zwiebelringe auf dem Teller mit Kapern belegen. Zitronenschnitze ebenfalls auf den Teller legen. Mit frischen Dillzweigen ausschmücken.

Senf, Zucker, Salz und Pfeffer mit dem Schwingbesen gut vermischen, unter kräftigem Rühren das Öl dazugeben. Zum Schluss den Dill beifügen. Dillsauce über Lauchstielenden geben.

Mit Toast und Butter servieren.

Kräftiger Rosé Champagner
z.B. Champagne «Les Trois Étoiles» Rosé

KLEINES KAVIARGERICHT

250 g Eiernüdeli
20 g Butter
Salz, Pfeffer
2 Schalotten, fein gehackt
10 g Butter
1 dl Weisswein
1 TL Zitronensaft
3 EL Sauce Hollandaise (in der
★★★delicatessa erhältlich)
3 EL Rahm, steif geschlagen
8 Blätter Zitronenmelisse, in feine Streifen
geschnitten
100 g Kaviar
Zitronenmelisse-Blätter

Die Nüdeli im Salzwasser «al dente» kochen. Das Wasser sofort abgiessen. Die Nüdeli mit der Butter abschmelzen. Abschmecken.

Schalotten in Butter anschwitzen und mit Weisswein ablöschen. Einköcheln bis fast keine Flüssigkeit mehr übrig ist. Pfanne vom Herd nehmen. Zitronensaft beigeben. Die Sauce Hollandaise hinzufügen und kurz vor dem Servieren den Rahm darunterziehen. Die Sauce nochmals leicht erwärmen. Die Nüdeli mit einer Fleischgabel zu einer Rolle formen und auf vorgewärmte Teller anrichten. Die Sauce Mousseline auf die Teller geben. Mit den Zitronenmelisse-Streifen garnieren.

Den Kaviar auf die Sauce anrichten. Mit Zitronenmelisse-Blättern garnieren.

Hochkarätiger Grand Cru aus dem Elsass
z.B. Riesling «Hengst» Jos Meyer

CARPACCIO MIT
PÉRIGORD-TRÜFFELN

400 g Rindsfilet (Mittelstück)
60 g Trüffeln
Nüsslisalat-Blätter
2 EL Olivenöl
Salz, Pfeffer aus der Mühle
Zitronensaft

Das Rindsfilet leicht anfrieren und auf der Aufschnittmaschine in ganz dünne Scheiben schneiden. Die Trüffeln waschen und in dünne Scheiben schneiden. Die Filet- und Trüffelscheiben abwechslungsweise kreisförmig auf Teller anrichten. Die Nüsslisalat-Blätter sternförmig um das Carpaccio legen.

Mit einem Pinsel das Fleisch leicht mit Olivenöl bestreichen und mit Salz und Pfeffer würzen. Zum Abschluss mit wenig Zitronensaft beträufeln.

Als Beilage Vollkorn-Toast und Butter servieren.

Intensiver roter Bordeaux mit
feinen Tanninen
z.B. Château Plaisance «Cuvée Tradition»

RENDEZ-VOUS DES FRUITS DE MER

120 g Lachsfilet
120 g Seezungenfilet
120 g Steinbuttfilet
120 g St. Pierre-Filet
120 g Meerwolffilet
120 g Seeteufelfilet
4 Scampi ohne Schale
10 g Butter
2 Schalotten, fein gehackt
1 Knoblauchzehe, gepresst
100 g Sojabohnenkeimlinge
50 g Bambussprossen, in Streifen geschnitten
2 dl Weisswein
1,5 l Fischfond oder Bouillon
$^1/_2$ TL Sesamöl
2 g Safranblüten
Salz, Pfeffer

Alle Fischfilets in fingerdicke Streifen schneiden und einzeln auf Holzspiesschen aufstecken.

Butter in Pfanne erhitzen. Schalotten und Knoblauch beifügen und kurz dünsten. Sojakeimlinge und Bambussprossen hinzufügen, kurz umrühren. Mit dem Weisswein ablöschen, etwas einkochen lassen. Mit Fischfond oder Bouillon auffüllen. Ca. 10 Minuten leicht köcheln lassen.

Mit Sesamöl, Safranblüten, Salz und Pfeffer abschmecken.

Den Fischfond in Fonduepfanne geben, auf dem Rechaud leicht köcheln lassen. Die Fischspiesschen eintauchen und nach Belieben pochieren. (Zum Schluss die Bouillabaisse in Suppentassen servieren.)

Beilagen: Salzkartoffeln, Gemüsevinaigrette, Ingwer-Mousseline, rassige Tomatensauce. Die Saucenrezepte dazu liegen in der ★★★delicatessa auf.

Intensiver Chardonnay aus dem Piemont z.B. «Nusei» Chardonnay Servetti Vini

NOUGAT-RAVIOLI AUF PASSIONSFRUCHT

Nougat
1 EL Wasser
60 g Zucker
10 g Mandelscheiben
1 Eiweiss, gut verrührt
50 g Mandelmasse
1–2 Eigelb, verrührt
120 g Strudelteig (in der ★★★delicatessa
tiefgefroren erhältlich)
2 EL Puderzucker
4 Passionsfrüchte, halbiert, Frucht-
mark ausgekratzt
1 TL Zucker

Wasser und Zucker in kleiner Pfanne erhitzen. Mit Holzspachtel leicht rühren, bis sich der Zucker verflüssigt und leicht braun wird. Die Mandelscheiben beifügen, gut umrühren und auf Alufolie giessen. Erkalten lassen. Dann die Masse mit dem Wallholz zu Pulver zerreiben. Das Eiweiss mit dem Nougat und der Mandelmasse vermengen, bis sie geschmeidig ist. Die Masse in einen Dressiersack mit kleiner Lochtülle abfüllen. Auf ein Teigblatt im Abstand von 3 cm kleine Portionen dressieren. Die Zwischenräume mit Eigelb bestreichen. Mit einem zweiten Teigblatt zudecken. Die Zwischenräume gut andrücken. Anschliessend die Ravioli mit einem gezackten Teigroller ausschneiden.
Die Ravioli auf ein mit Alufolie ausgelegtes Backblech legen und im vorgeheizten Ofen bei 250 °C ausbacken. Die Ravioli sollen gut aufgebläht und leicht gebräunt sein.
Fruchtmark leicht mixen. Zucker beifügen. Auf Teller geben. Die noch warmen Ravioli darauf anrichten. Mit exotischen Früchten ausgarnieren.

Vin Santo aus der Toskana
z.B. Vin Santo Marchesi de Frescobaldi

Richard Kägi   Heiri Scherer   Marie-Pierre Morel

Ein Fest-
Menu.

EIERSCHWÄMMLISUPPE MIT SAFRAN

200 g frische Eierschwämmli
1 Lauch
2 Schalotten
50 g Butter
2 dl gehaltvoller Weisswein*
3 dl Hühnerbouillon
4 dl Vollrahm
1 Messerspitze Safranfäden
Salz, weisser Pfeffer

Pilze putzen und waschen, grosse halbieren, auf Küchenpapier trocknen.
Lauch und Schalotten in kleine Würfel schneiden, in der Butter andünsten und die Pilze dazugeben.
Wenn die ausgetretene Flüssigkeit verdunstet ist, mit dem Wein ablöschen und Bouillon dazugiessen. Auf zwei Drittel reduzieren, Rahm dazugeben, 1 Minute kochen lassen. Im Mixer pürieren oder durch ein feines Sieb drücken. Noch einmal aufkochen, Safranfäden dazugeben, mit Salz und Pfeffer abschmecken.

*Verwenden Sie zum Kochen den gleichen Wein, den Sie zum Essen servieren. Möglichst einen Elsässer (Riesling, Tokayer, Gewürztraminer) oder einen Viognier aus dem Rhonetal.

z.B. Gewürztraminer
«Les Archenets» Jos Meyer

GEDÜNSTETER CHICORÉE MIT JAKOBSMUSCHELN UND RIESENCREVETTEN

4 grosse Chicoréeköpfe, gewaschen
5 EL Butter
3 EL Zitronensaft, Salz, Pfeffer
4 Jakobsmuscheln
4 Riesencrevetten, geschält
Olivenöl
Pfeffer aus der Mühle
grobkörniges Meersalz

Den Chicorée längs halbieren, die Strünke entfernen und längs in feine Streifen schneiden. In einer grossen Pfanne 3 Esslöffel Butter erhitzen, den Chicorée hinzufügen und unter häufigem Umrühren bei mittlerer Temperatur 8 Minuten dünsten.
Die Pfanne vom Herd nehmen, 1 Esslöffel Zitronensaft einrühren, salzen und warmstellen.
Den restlichen Zitronensaft und 1 Esslöffel Wasser aufkochen. Bei reduzierter Temperatur die restliche Butter unterrühren und mit Salz und Pfeffer abschmecken.
Die Jakobsmuscheln und die Riesencrevetten in wenig Olivenöl auf jeder Seite 45 Sekunden braten. Den Chicorée – falls nötig – kurz aufwärmen, in vorgewärmte, tiefe Teller verteilen und mit je 1 Jakobsmuschel und 1 Riesencrevette belegen.
Die Meeresfrüchte mit Pfeffer und 1 Prise Meersalz bestreuen. Alles mit der Zitronenbuttersauce beträufeln und sofort servieren.

🍷 Fruchtiger Rosé oder Rotwein aus der Provence
z.B. Domaine de Rimauresq Rosé oder Rot

POCHIERTER LACHS MIT
BALSAMICO-BEURRE BLANC

8 frische Lachsfilets aus dem Mittelstück
à 100 g
1 EL Butter
2 dl ★★★delicatessa-Fischfond
1 dl trockener Weisswein
100 g sehr kalte, in Würfel geschnittene
Butter
Salz, Pfeffer
Aceto balsamico

Pfanne ausbuttern, den leicht gebutterten Lachs hineinlegen und mit Weisswein und Fond aufgiessen. Zugedeckt mit bebutterter Folie bei kleiner Hitze 5 bis 7 Minuten pochieren. Fisch herausheben und warmstellen.

Den Fond bis auf 2 Esslöffel einreduzieren. Neben dem Herd die kalte Butter nach und nach mit dem Schwingbesen darunterschlagen, bis die Sauce eine sämige Konsistenz aufweist. Abschmecken.

Die Lachsfilets auf warme Teller legen und mit der Sauce nappieren. Mit ein paar Tropfen Balsamico beträufeln.

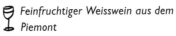 *Feinfruchtiger Weisswein aus dem*
Piemont
z.B. Roero Arneis Abbona Marziano

RINDSFILET IN BROUILLY POCHIERT

75 cl Brouilly, Cru du Beaujolais
1 Thymianzweig
1 Rosmarinzweig
1 Lorbeerblatt
1 Karotte
1 St. Stangensellerie, klein
1 Zwiebel, klein
10 Pfefferkörner, Salz
4 US-Rindsfilets à 150 g,
oder 600 g (Herzstück) am Stück
3 dl Brouilly-Sud
1 dl Portwein
2 Schalotten, in Scheiben geschnitten
30 g Tafelbutter
30 g Trüffelbutter
2 dl ★★★delicatessa-Kalbsfond

Das Gemüse schälen, in 3-mm-Würfel schneiden. Mit Rotwein, Kräutern, Salz und Pfeffer zugedeckt aufkochen lassen. Von der Platte ziehen und zugedeckt zehn Minuten ziehen lassen. Backofen auf 80 °C einstellen. Sud erneut zum Kochen bringen. Fleischstücke (oder das ganze Filetstück) in die Pochierbrühe legen, alles – ohne dass die Flüssigkeit kocht – in 7 bis 8 Minuten auf den Punkt garen. Fleisch aus dem Fond heben und zugedeckt im 80 °C warmen Backofen ruhen lassen.

Dem Sud Portwein und Schalottenringe zufügen, auf grossem Feuer auf die Hälfte reduzieren. Kalbsfond zugeben, zwei Minuten kochen lassen. Durch ein Sieb passieren. Die in kleine Stücke geschnittene Butter unter heftigem Schlagen unter die Sauce mengen, so dass diese leicht bindet. Mit Salz und Pfeffer abschmecken.

Das Fleisch, tranchiert oder ganz belassen, auf heisse Teller legen und mit der Sauce nappieren.

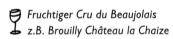 *Fruchtiger Cru du Beaujolais
z.B. Brouilly Château la Chaize*

SCHOKOLADENKUCHEN

125 g sehr weiche Butter
200 g Zucker
6 Eigelb
250 g dunkle Schokolade (z.B. Valrhona
61 % Kakao, in der ★★★delicatessa erhältlich)
$^1/_2$ Tasse sehr starker Kaffee
6 Eiweiss, zu steifem Schnee geschlagen
0,1 dl Rum
0,1 dl Cointreau (nach Belieben)
Doppelrahm (nach Belieben)

Butter schaumig schlagen, erst Zucker,
dann ein Eigelb ums andere unterrühren.
20 Minuten mischen.
Die Schokolade in der halben Tasse Kaffee
im Wasserbad schmelzen lassen. Abkühlen. Schokolade unter die Buttercrème
mischen und schliesslich Rum hinzufügen.
Das steifgeschlagene Eiweiss auf die Teig-
masse geben und mit dem Spatel sehr vorsichtig unter die Masse heben. Alles in die
ausgebutterte Springform (28 cm ∅) geben
und auf der mittleren Rille des auf 180 °C
vorgeheizten Backofens ca. 30 Minuten
backen.
In der ★★★delicatessa finden Sie für Ihre
Girolles eine spezielle Form aus Giuandu-
ja-Schokolade, mit der sich – wie beim
Tête de moine – sehr dekorative Schoko-
lade-Rosetten abdrehen lassen.
Bestreuen Sie den Kuchen mit wenig Puderzucker und servieren Sie Doppelrahm
dazu.

Tip: Der Kuchen sollte nach dem Backen
drei Tage an einem kühlen Ort ruhen (in
der Form). Er braucht diese Zeit, um durch
und durch feucht zu werden. Dann aber
schmeckt er unvergleichlich gut.

Intensiv süsser Sherry
z.B. Tio Pepe Oloroso «Apostoles»

Drei Sterne
zum Probieren.

Gewürze

Curry

Ganzer Sternanis kann als Dekoration beim Backen verwendet werden oder als Gewürz für fernöstliche Gerichte.

Langusten mit Butter einstreichen, Muskatblüten zwischen den Fingern zerreiben und auf die Langusten streuen. Eine Delikatesse für den Grill!

Mit Kardamom verleiht man gewöhnlichem Trockenreis eine besondere Note. Ebenfalls geeignet für Curry-Gerichte.

Die Blütennarbe des Krokus ist eines der teuersten Gewürze. Pro Blüte gibt es nur 3 Fäden und die Ernte ist reine Handarbeit. Eignet sich für Fischsaucen, Suppen, Risotto und Paella.

Meersalz mit Kräutern zum Würzen von Grilladen oder als Zusatz in der Salatsauce.

Pfeffer, das einst so begehrte Gewürz ist längst in jeder Küche: schwarz, weiss, grün, rosarot, rund oder lang. Bunt gemischt zu Grilladen, Braten und Salaten.

Der helle, eher milde Madras-Curry ist besonders geeignet für helles Fleisch wie Geflügel oder Kalb.

Die Blätter des kleinen Baumes, der einer ganzen Gewürzmischung den Namen gibt. Curry-Blätter eignen sich zum Würzen von Fleisch, Saucen, exotischen Suppen, Reis und Nudeln.

Senf

Bärlauch-Senf für Liebhaberinnen und Liebhaber des grünen Krauts mit dem ausgeprägten Geschmack.

Die etwas schärfere Alternative zum süssen Senf: Merrettich-Senf und Weisswurst. Ebenfalls geeignet für die Salatsauce.

Rassiger Bergschnittlauch-Senf passt zu rustikalem Fleisch, wie z.B. Saucisson oder Siedfleisch.

Knoblauch-Senf ist ein Universaltalent. Für Salatsaucen, Marinaden etc.

Some like it hot: Scharfer Harissa-Senf, u.a. für Marinaden und Salatsaucen.

Pasten

Zum Einstreichen von Seafood oder Fleisch, als Saucengewürz. Kombiniert mit der Tomatenpaste herrlich auf geröstetem Brot.

Zum Einstreichen von Fleisch, als Saucengewürz. Für knusprige Bruschettas kombinieren mit Tomatenpaste.

Butter, Knoblauch-Paste, Weissbrot und ein heisser Ofen: Fertig ist das «Chnobli»-Brot! Zusammen mit Tomatenpaste für Bruschetta.

Alle Pasten sind problemlos zwei bis drei Monate im Kühlschrank haltbar, wenn der Glasrand nach Gebrauch gesäubert und der verbleibende Inhalt wieder mit Öl bedeckt wird.

Reis

Pasten

Besonders fein zum Marinieren oder Einstreichen von Fisch.

Für Saucen, Marinaden, zum Einstreichen von Fleisch.

Eine Spezialität aus der Camargue, die für ein paar wenige, lokale Restaurants angebaut wird. Limitierte Menge. Grosskörniger, rustikaler Reis, zu kochen wie Risotto.

Spitzenköche kennen nur einen Reis für Risotto: Der Carnaroli. Er wird in einer streng begrenzten Gebiet im Piemont und ausserhalb von Modena angebaut. Wunderbar grosskörnig und sämig.

Essig

Ölspezialitäten

Empfiehlt sich für Blatt- und Bohnensalat sowie Chicorée Rosso.

Zu Brüsseler-Salat oder als unerreichte Ingredienz zu Cocktail-Crevetten.

Ein, zwei Teelöffelchen dieser Essenz über den bereits angemachten Salat träufeln: Einfach gut!

Rassiger Essig für die Salatsauce oder eine Mayonnaise der besonderen Art.

Für pfiffige Salatsaucen und Fleischmarinaden.

Unentbehrlich in der Herbstsaison: Zum Anbraten bzw. Marinieren von Wild.

Am Salat entfaltet es reiche Nuancen. Zum Braten ungeeignet.

Aceto balsamico

Olivenöl

Aceto balsamico wird nicht aus Wein, sondern aus ingekochtem Traubensirup hergestellt, während Jahren nacheinander in Fässern aus fünf

verschiedenen Hölzern gelagert und zum Schluss mit etwas Essig gestreckt. Seltener durchwandert der Balsamico Fässer ein- und derselben

Holzsorte, wie z.B. diese drei Legni-Spezialitäten: Kirschbaum, Kastanienbaum und Eiche.

Aceto balsamico tradizionale ist unversetzter Balsamico. Wird nicht als Essig verwendet, sondern tröpfchenweise zum Würzen. Hervorragend zu Kaninchenfilet oder gehobeltem Parmesan auf Risotto.

Ein kräftiges Jahrgangsöl zum Würzen und für die Salatsauce.

Erstklassiges Öl von goldener Farbe und kräftigem Geschmack, das sich gut zum Braten eignet.

Z.B. zum Würzen von Trüffelgerichten oder tröpfchenweise über den dampfenden Risotto auf dem Teller. Oder mit etwas Pfeffer zum Carpaccio oder…

Tee

Schwarztee-Mischung verschiedener Provenienzen mit natürlichen Aromastoffen und Mango-Blüten.

Kostbarer Herkunftstee aus einem begrenzten Anbaugebiet im Himalaya. Beim First-Flush werden nur zwei, max. drei Blättchen der ersten Sprösslinge gepflückt. Zartes, rundes Aroma, hell im Aufguss.

Dieser Tee kommt aus dem Hochland von Assam in Indien. Beste Qualität aus der zweiten Pflückung (Second Flush). Im Geschmack vollwürzig und leicht malzig – rötlich-braun in der Farbe.

Kaffee

Rarität! Handverlesener Kaffee, der im Gegensatz zu industriell gerösteten Bohnen, während rund 15 Minuten über dem Kohlenfeuer brutzelt.

Das ergibt einen hellen, unvergleichlichen Espresso, der überdies den Vorteil hat, den Magen zu schonen.

Der Morgenwecker: Speziell für Globus hergestellte Espressomischung mit Bohnen unterschiedlicher Provenienzen.

Konfitüre

In der ★★★delicatessa gibt es natürlich Konfitüren mit Zucker. Es gibt aber auch Konfitüren, die einzig und

allein mit Apfelsaft gesüsst werden. Und dann gibt es noch die sogenannten Light-Konfitüren mit ganz, ganz

wenig Zucker und einem Fruchtanteil von bis zu 70%. Mund auf und Augen zu, mmmh!

Honig

Fast nirgends auf der Welt gibt es eine so grosse Blütenvielfalt wie in den Schweizer Bergtälern.

Dieser Geschmacksreichtum ist auch im Honig aus dem Bleniotal deutlich spürbar.

Da wo die Orangen herkommen, gibt's auch einen Honig aus dem Pollen der Orangenblüten. Ein süsser Genuss aus Sizilien mit einer ganz zarten Zitrusnote.

Gebäck

Die kleinen Genüsse oder was zu Tee und Kaffee nicht fehlen darf. Zwei Haselnuss-

Spezialitäten aus hochwertigen Zutaten: Dinkel-Vollkornmehl, Ruchmehl,

Roh-Rohrzucker, Freilandeier, Butter, Honig und Gewürze.

Weichkäse

Bûchette cendrée.
Ein Westschweizer Fromage de Chèvre aus einer kleinen Molkerei im Lavaux, kurz in Asche gewendet.

Grand Cru. Ein Weichkäse aus dem Burgund aus pasteurisierter Kuhmilch, mit ausgeprägtem Geschmack und zartem Schmelz.

Brie truffé. Trüffeln aus dem Périgord in einem Brie aus Rohmilch der Ile-de-France: eine Kombination, die nur Frankreich bieten kann.

Wein

Intensiv duftender Rotwein mit vollem Körper und langem Abgang. Ausgezeichnet zu Wild, Braten und Käse. Ideale Ausschanktemperatur 16–18 °C.

Erfrischender Rosé mit feinen Beerenaromen und mittlerem Körper. Zu Pasta, leichten Sommersalaten oder als Apérowein. Ideale Ausschanktemperatur 10–12 °C.

Ein kräftiger Rotwein mit feinen Tanninen und langem Abgang. Passend zu würzigen Speisen und Pizza. Ideale Ausschanktemperatur 16–18 °C.

Hartkäse

Parmigiano Reggiano. So darf er nur heissen, wenn er in den Provinzen Parma und Reggio Emilia aus roher Kuhmilch hergestellt ist. Eine Spezialität, die in der italienischen Küche nie fehlt, ob gehobelt, geraffelt oder mit dem speziellen Messer abgestochen.

Gruyère kommt aus dem Greyerzerland und wird in jedem Alter von mild bis reif gegessen. Ein Grosser unter den Schweizer Klassikern.

Der Tête de Moine kommt ursprünglich aus der Abtei Bellelay im Berner Jura. Dieser kleine, feine, würzige Hartkäse ist hauchfein gehobelt oder mit der Girolle in Rosetten gedreht von keiner Käseplatte wegzudenken. Ganz einfach: schön und gut.

Champagner

in Brut mit zarten Aromen ach exotischen Früchten. assend zum Apéritif, zu orspeisen oder hellem eisch. Nicht länger als bis 12 Monate lagern! leale Ausschanktemperatur –8 °C.

Ein Rosé-Champagner mit feinen Kompott- und Beerenaromen. Kräftiger Körper und ausgewogene Säure. Daher nicht nur zum Apéritif, sondern auch zu Meeresfrüchten oder zum

Dessert geeignet. Nicht länger als 6 bis 12 Monate lagern! Ideale Ausschanktemperatur 6–8 °C.

Zum Knabbern

Tortilla-Chips in drei Geschmacksrichtungen: Nacho (Nature), Chili oder Cheese. Aus der Tüte auf den Tisch oder dann ein bisschen raffinierter: Chips in eine feuerfeste Form geben, Käse

darüber raffeln, mit Butterflöckchen überstreuen, Salsatupfer darauf verteilen. Einige Minuten im heissen Ofen backen.

Tortilla Salsa Medium oder Hot. Wird nach einem eigens von der ★★★delicatessa ausgetüftelten Rezept und in kleinen Mengen hergestellt. Handwerk für den Gaumen!

Alle Rechte vorbehalten,
einschliesslich derjenigen des
auszugsweisen Abdrucks
und der elektronischen Wiedergabe
© 1997 Globus, Zürich
ISBN 3-85932-231-1

Text:
Nicole Müller
Gestaltung:
Scherer Kleiber Creative Direction, Zürich
Heiri Scherer, Daniel Karrer
Wein:
Felix Christen
Korrektorat:
Ruth Schmid Lopes, Zürich
Französische Übersetzung:
Dominique Kuster und Monique Sauter, Zürich
Produktion und Buchhandelsvertrieb:
Werd Verlag, Zürich

WERDVERLAG